IVÁN

LA
INCREÍBLE
HISTORIA
DEL
GORILA
DEL CENTRO COMERCIAL

Katherine Applegate

ILUSTRADO POR **G. Brian Karas**

Un agradecimiento especial para Jody Gripp y Jean Fisher, Colecciones Especiales/Cuarto Noroeste, Biblioteca Pública de Tacoma; Diane Allen, Secundaria Liberty, Renton, Washington; Mark Coleman, PAWS, Lynnwood, Washington, y Jodi Carrigan, Zoológico de Atlanta.

IVÁN. LA INCREÍBLE HISTORIA DEL GORILA DEL CENTRO COMERCIAL

Título original: *Ivan: The Remarkable True Story of the Shopping Mall Gorilla*

© 2014 Katherine Applegate (texto)
© 2014 G. Brian Karas (ilustraciones)

Publicado originalmente en Clarion Books.
Publicado según acuerdo con Pippin Properties, Inc. a través de Rights People, Londres y Sanford J. Greenburger Associates, Inc.

Traducción: Maia Fernández Miret

D.R. © Editorial Océano, S.L.
Milanesat 21-23, Edificio Océano
08017 Barcelona, España
www.oceano.com

D.R. © Editorial Océano de México, S.A. de C.V.
Eugenio Sue 55, Polanco Chapultepec,
Miguel Hidalgo, 11560, México, D.F., México
www.oceano.mx • www.oceanotravesia.mx

Primera edición: 2016

ISBN: 978-607-735-918-0
Depósito legal: B-12066-2016

IMPRESO EN ESPAÑA / PRINTED IN SPAIN

9004203010616

En honor a Iván la autora y el ilustrador han donado parte de las ganancias que obtuvieron por este libro a la Fundación Catherine Violet Hubbard (evhfoundation.org) y al Fondo Internacional para los Gorilas Dian Fossey (gorillafund.org).

Créditos fotográficos:
Las fotografías de Iván que aparecen en este libro se reproducen con permiso y por la cortesía de los dueños de los derechos: *Tacoma News Tribune*/MCT (página 37), todos los derechos reservados, distribuido por McClatchy-Tribune News Service-MCT; Tacoma Public Library (página 38); Jodi Carrigan (página 39); Alan Berner/*Seattle Times* (contraportada). Fotografía de las pinturas de Iván (página 40) cortesía de Diane Allen.

Para todos los que quisieron a Iván.

En un silencio frondoso,
en el arrullo de unos brazos
comenzó la vida de un gorila.

El bebé nació en un bosque tropical
en África central.

Formaba parte de una gran familia
de gorilas occidentales de tierras bajas.

La tropa incluía bebés,
jóvenes, hembras
y un macho líder:
el lomo plateado.

Mientras más crecía el bebé,
más jugaba.
Mientras más jugaba,
más aprendía.

Viajaba en el lomo de su madre.

Escuchaba los aullidos

y gruñidos

y golpes de pecho

de su padre.

Observaba a los gorilas mayores,

muy listos y rápidos,

que se peleaban y se perseguían

y se columpiaban en las lianas.

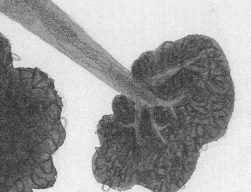

Cuando supo sobre los humanos,
ya era demasiado tarde.

Unos cazadores furtivos,

con armas temibles y manos crueles,

se robaron al gorilita

y a otro bebé.

Tras miles de kilómetros
y días interminables
en una caja negra y húmeda,
al fin vieron la luz
y respiraron aire fresco.

La selva, verde y llena de vida,
había desaparecido.

Los gorilas habían viajado
al otro lado del mundo,
a Tacoma, Washington.
El dueño de un centro comercial
había pagado para que los llevaran,
como si fueran unas pizzas
o un par de zapatos.

La gente los cargaba, los arrullaba
y se reía con los bebés.

Les pusieron ropa
de humanos

y les dieron comida
de humanos.

El dueño del centro comercial hizo
un concurso para ponerles nombre.
Los nombres ganadores fueron
Burma e Iván.

Un terrible día,

al poco tiempo de que los bebés llegaran

a ese extraño mundo nuevo,

Burma murió.

Sin ella

Iván estaba solo,

y tenía demasiado que aprender.

De pequeño,

Iván era lindo y tierno.

Durante tres años vivió en una casa,

como un niño humano.

Durmió en una cama

y fue a juegos de béisbol.

Cargó bebés
y hasta anduvo
en motocicleta.

Tuvo que aprender muchas cosas
que los gorilas silvestres
nunca deben aprender.

Lo que Iván no tuvo que aprender

fue a comer.

Mientras más comía, más crecía.

Mientras más crecía, menos podía vivir

una vida humana

en una casa humana.

La nueva casa de Iván
fue una jaula en el centro comercial.
No había mucho que hacer.

 Iván a veces
veía la tele.

A veces jugaba
con una llanta vieja.

 A veces pintaba con los dedos
y firmaba el papel
con su huella.

Casi siempre observaba a los humanos
que lo observaban a él.

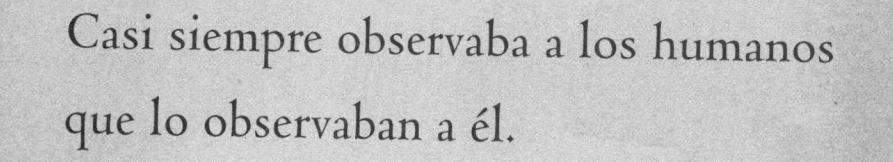

Iván tenía unos 13 años
cuando parte de su pelaje
comenzó a teñirse de blanco.
Se había convertido en
un gorila lomo plateado.
En la selva ya estaría listo
para proteger a su familia.

Pero no tenía familia
que proteger.

Pasaron los años.

A la gente empezó a indignarle
que Iván estuviera tan solo.
Niños y adultos escribieron cartas,
firmaron peticiones
y organizaron protestas.

Iván vivió en su jaula
sin la compañía de otros gorilas
durante veintisiete años
antes de emprender
un nuevo viaje.

Esta vez las manos eran amables.

El Zoológico de Atlanta
no era una selva.
Era un lugar con paredes.
Pero la brisa traía
sonidos y olores selváticos.

Unos científicos que sabían
qué necesita un gorila
ayudaron a Iván
a adaptarse
lentamente,
cuidadosamente,
amablemente
a su nueva vida.

Por fin llegó la hora.

¿Estaría listo Iván?

La gente tomaba fotos.

Los reporteros observaban.

Cuando Iván pisó el pasto verde y fresco

y el sol brilló sobre su pelaje plateado

la gente aplaudió

y rio

y lloró de alegría.

Iván,

el gorila del centro comercial,

al fin estaba en un lugar con árboles

y pasto

y otros gorilas.

En un silencio frondoso,

en el arrullo de unos brazos,

comenzó la vida de un gorila

otra vez.

ACERCA DE IVÁN

No hay registros confiables sobre el origen de Iván, pero hasta donde sabemos nació en 1962 en la actual República Democrática del Congo. Tenía unos seis meses de edad cuando lo atraparon cazadores furtivos, comerciantes que capturan ilegalmente —y que con frecuencia matan— animales salvajes.

No está claro qué pasó con la familia de Iván, pero a él lo capturaron con otra gorila, una pequeña que seguramente era hija de otra hembra de la tropa de Iván. Los dos bebés fueron enviados a la Tienda del Circo B&I en Tacoma, un centro comercial que con frecuencia exhibía animales, entre ellos un elefante, una foca y chimpancés, para atraer a los clientes.

Para anunciar su nueva compra, B&I patrocinó un concurso para encontrar los mejores nombres para los bebés. Los nombres tenían que empezar con *B* e *I*. El ganador se llevaría un premio de 500 dólares.

La gorilita, Burma, murió al poco tiempo de llegar a Estados Unidos, pero Iván sobrevivió. Durante los siguientes tres años vivió en la casa de una familia que tenía una tienda de mascotas en B&I. Allí, Iván tuvo una vida de lo más humana. Le gustaba mucho cenar pollo asado y columpiarse de las lámparas y las cortinas.

Cuando creció demasiado y ya no lo podían controlar —más o menos a los cinco años— llevaron a Iván a un recinto en B&I. La mayor parte del tiempo estaba en un cuarto de cemento y acero de cuatro por cuatro metros. Pronto se volvió una atracción muy popular. Lo conocían como el Gorila del Centro Comercial.

Iván no tenía mucho que hacer para pasar el tiempo, aunque parecía que le gustaba pintar con los dedos y era habitual que viera televisión. Muchos niños visitaban a Iván con frecuencia. Lo miraban a los ojos o apoyaban las manos sobre la ventana de Iván con la esperanza de que golpeara el vidrio al pasar.

Durante los 27 años que Iván vivió en su jaula las personas se volvieron más conscientes de las necesidades de los animales en cautiverio. Había una nueva forma de cuidar a los animales, en hábitats que imitaran sus entornos naturales, con estímulos diarios y la compañía de animales de su misma especie.

En 1990, cuando la historia de Iván apareció en un documental de National Geographic llamado *El gorila urbano,* mucha gente se enteró de su problema.

Varios periódicos cubrieron su historia. De hecho, yo descubrí a Iván en 1993, cuando encontré un artículo del *New York Times* titulado "Gorila se aburre en un centro comercial. Se discute su futuro".

La gente se sentía cada vez más frustrada por la situación de Iván, y muchos residentes del lugar, niños y adultos, boicotearon el B&I en protesta por la existencia solitaria del gorila. Sus defensores hicieron manifestaciones para pedir que lo liberaran. Escribieron cartas indignadas a funcionarios locales, estatales y nacionales, y se aseguraron de que la historia de Iván llegara a las noticias. Una niña de 11 años de edad incluso reunió más de 1 500 firmas para pedir su liberación.

En 1994, con ayuda del Zoológico Woodland Park de Seattle, Iván llegó al Zoológico de Atlanta, una instalación de primer nivel en la que vive la población más grande de gorilas en Estados Unidos en un hábitat natural de seis hectáreas.

Dejaron que Iván se aclimatara lentamente a su nueva vida. Al principio los otros gorilas le daban miedo, pero poco a poco se sintió más cómodo cerca de ellos. Nunca tuvo hijos, pero le encantaba jugar con los gorilas jóvenes y con las hembras del zoológico. Todos sabían que no le gustaba la lluvia, y con frecuencia llevaba una bolsa de lona para protegerse los pies del pasto mojado. Quienes lo conocían pensaban que por fin estaba contento.

Iván murió en 2012 a los 50 años. (El gorila más viejo en cautiverio tiene 52 años, y los gorilas salvajes viven unos 30 años.) El Zoológico de Atlanta organizó para su querido gorila estrella una ceremonia a la que asistieron personas de todo el país. La gente recuerda a Iván por su personalidad extravagante, su amorosa relación con sus cuidadores y porque representaba el deber de tratar con dignidad y cariño a todos los animales.

Si quieres saber más:

ZooAtlanta.org: incluye una presentación sobre Iván, así como información detallada acerca de la población de gorilas occidentales de tierras bajas que hay en el zoológico.

GorillaFund.org: el Fondo Internacional Dian Fossey para los Gorilas se dedica desde hace años a fomentar la protección de los gorilas, sus hábitats y las comunidades cercanas. Dian Fossey, una zoóloga estadounidense, consagró su vida al estudio de los gorilas de las montañas de Ruanda.

NationalGeographic.com: contiene mucha información sobre los gorilas y sus hábitats.

Jodi Carrigan, la cuidadora principal de Iván en el Zoológico de Atlanta durante los últimos años de su vida, comparte algunos recuerdos sobre su amigo:

Durante diez años Iván fue mi mejor amigo. Gracias a que lo cuidé y pude conocer a un animal tan único y asombroso hoy soy una mejor cuidadora. Nos dio mucho amor, y creo que disfrutó sus 18 años en el Zoológico de Atlanta tanto como nosotros disfrutamos tenerlo aquí.

Cada vez que pienso en Iván, sonrío y recuerdo cuánto le alegraba verme y cómo me saludaba con murmullos alegres, sobre todo cuando lo visitaba en la mañana. Era muy amable y cariñoso, y siempre me hacía reír.

Iván adoraba pintar; era evidente porque cuando sacaba los instrumentos de pintura él se acercaba corriendo y hacía ruidos de felicidad. Yo sostenía los colores y él señalaba cuál quería usar. Su favorito era el rojo. Ponía la pintura sobre el lienzo y le daba el pincel; cuando terminaba me lo regresaba. Como toque final, firmaba cada una de sus pinturas con su huella.

Iván tenía muchos seguidores en el estado de Washington, y consiguió muchos más cuando se mudó a Atlanta. Se ganó el corazón de miles de personas, y no pasa un solo día sin que lo extrañe. Su existencia ha sido un símbolo de lo importante que es para nosotros la vida de los animales… Y del enorme poder que tenemos para mejorarla.

Una pintura de Iván